AF365569

MAESTRO FERDINANDO RAGNI
Strada 45 n° 9 Poggio dei Pini
09012   Capoterra   Cagliari
Tel: +39(0)70 725118   Mob: +393929061789
E-mail: ferdinandoragni@tiscali.it

In copertina - on the cover: Sul mare al chiar di luna, olio su tela, cm 60x50

The pictorial composition of Master Ferdinando Ragni is imbued with naturalism. Sunsets, marinas, faces, characters, glimpses, romantic buildings populate his works. With a definite trait and color accorded to the subject, Mr. Ragni tells the world to the viewer, with firm realism and a strong tendency to poetry. A hiding sun in the clouds, the unmoving motion sea is overlooking the landscape, some faces that have the power to stop the time; these are all evocations of a land, Sardinia, where the present does not exist because it's a mirror of the past full of magic and suggestions that are made available to the viewer.

La composizione pittorica del maestro Ferdinando Ragni è intrisa di naturalismo. Tramonti, marine, volti, personaggi, scorci, romantiche costruzioni popolano le sue opere. Con un tratto deciso e colore accordato al soggetto, Ragni narra dunque il mondo al fruitore, con fermo realismo e spiccata tendenza alla poesia. Un sole che si nasconde tra le nuvole, il mare dall'incessante moto che domina il paesaggio, volti che hanno il potere di fermare il tempo; evocazioni tutte di una terra, la Sardegna, dove il presente non esiste poiché specchio del passato ricco di magie e suggestioni che sono messe a disposizione del fruitore.

Dino Marasà

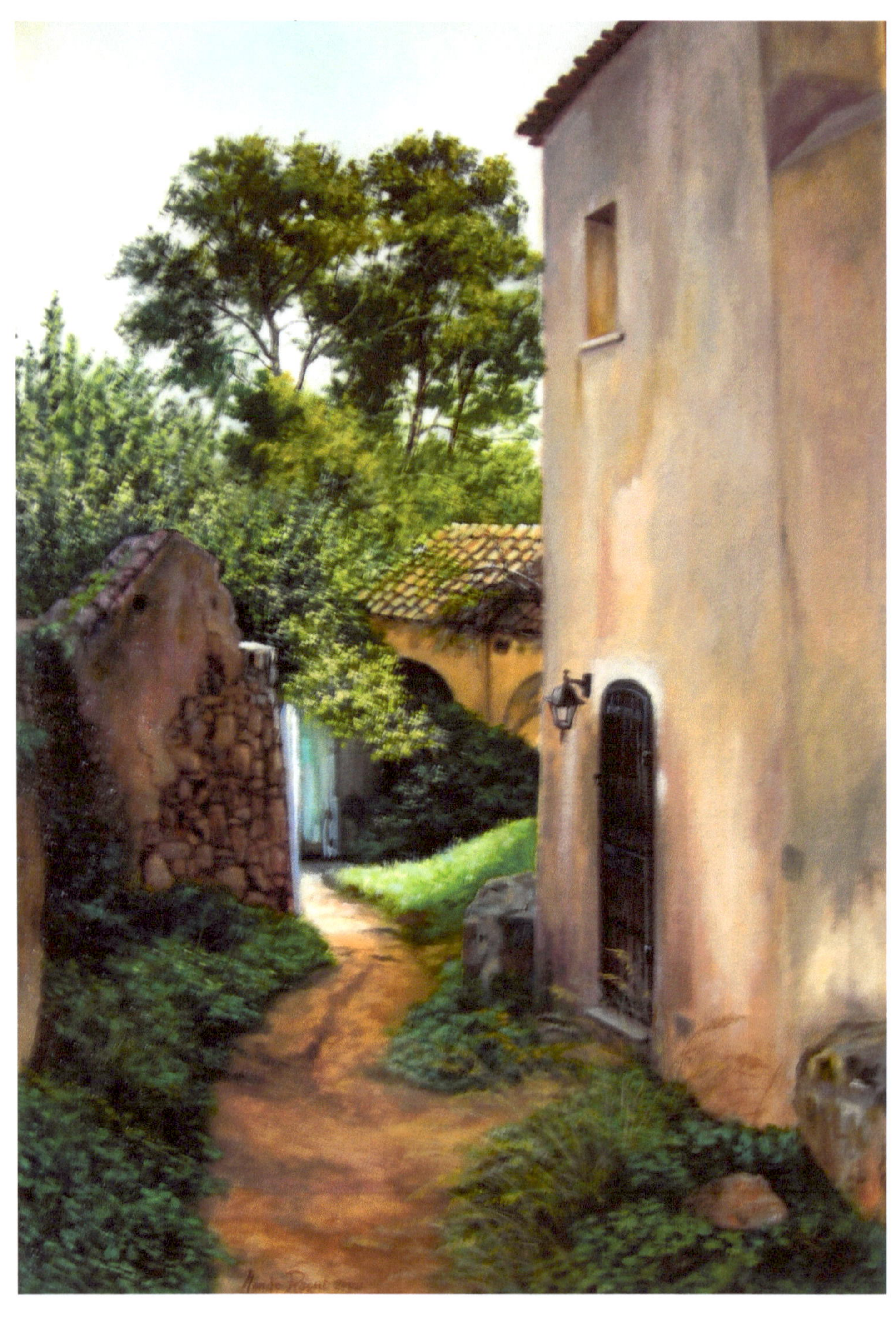

Il sentiero per S.Barbara, 2009, olio su tela, cm 70x48

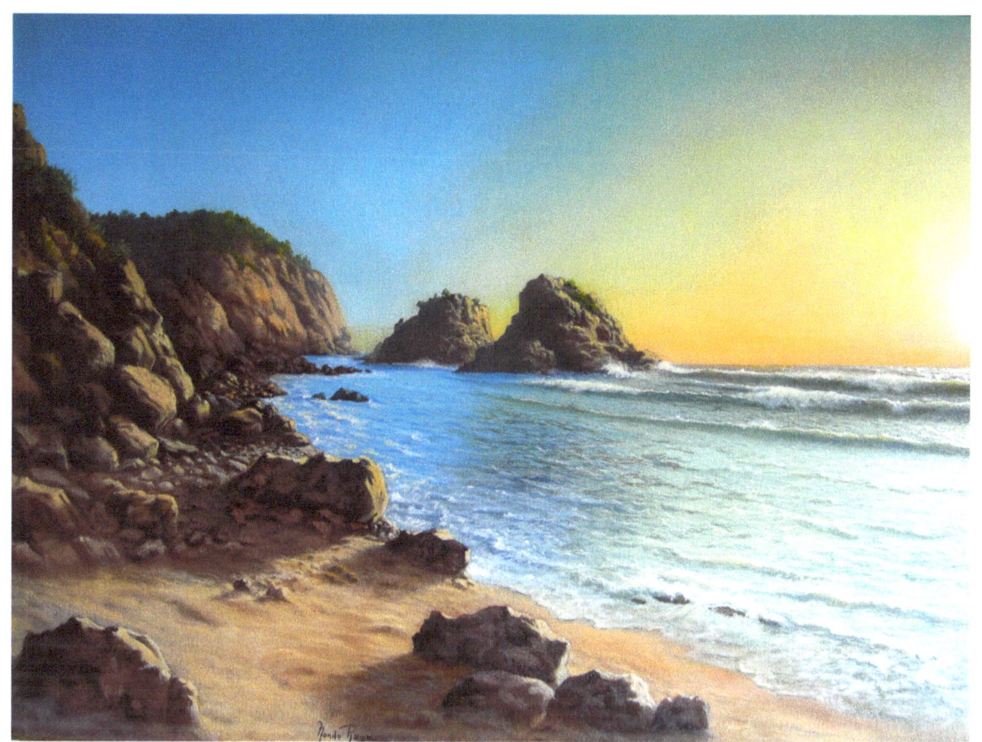

Marina all'alba, olio su tela, cm 80x60

Nando Ragni è fascinato dalle configurazioni naturalistiche dell'immaginario figurativo, attratto dall'armonia delle forme e dal nitore dei colori iridali. La realtà è la grande ispiratrice della sua pittura, a volte rilevata dal vero, altre volte immaginata come possibile e probabile, altre volte ancora visualizzata con le risorse della memoria e ricostruita secondo ideali, desideri e aneliti di distacco dal routinario quotidiano e metropolitano. I temi naturalistici sono il rifugio delle anime turbate dal disagio esistenziale di una quotidianità che lascia poca espansione alle aspirazioni fantastiche, di cui l'artista è sempre portatore ed interprete. L'Artista esprime emozioni diverse, intense di più o di meno, secondo il tema elettivo, eseguito a volte in forma più compendiaria e rapida, in altri casi più analitico, più descrittivo. Ecco, allora, che la scena delle vele al tramonto, situazione velocemente mutevole, è resa con una fattura priva di dettagli non utili, con vigorose opposizioni coloristiche e tonali (gialli e rossi fiammanti su un mare ondeggiante blu), mentre la vetusta quercia, immobile da secoli e sempreverde, è raffigurata nei particolari minimi delle foglie e della rugosità della corteccia da sughero. Pertanto, Nando Ragni è interprete non solo delle forme della natura, ma anche dello spirito che anima la realtà, dinamica o statica, viva o inerte, sempre esaltata dal cromatismo saturo ed intenso di un temperamento fervido e appassionato.

Enzo Papa

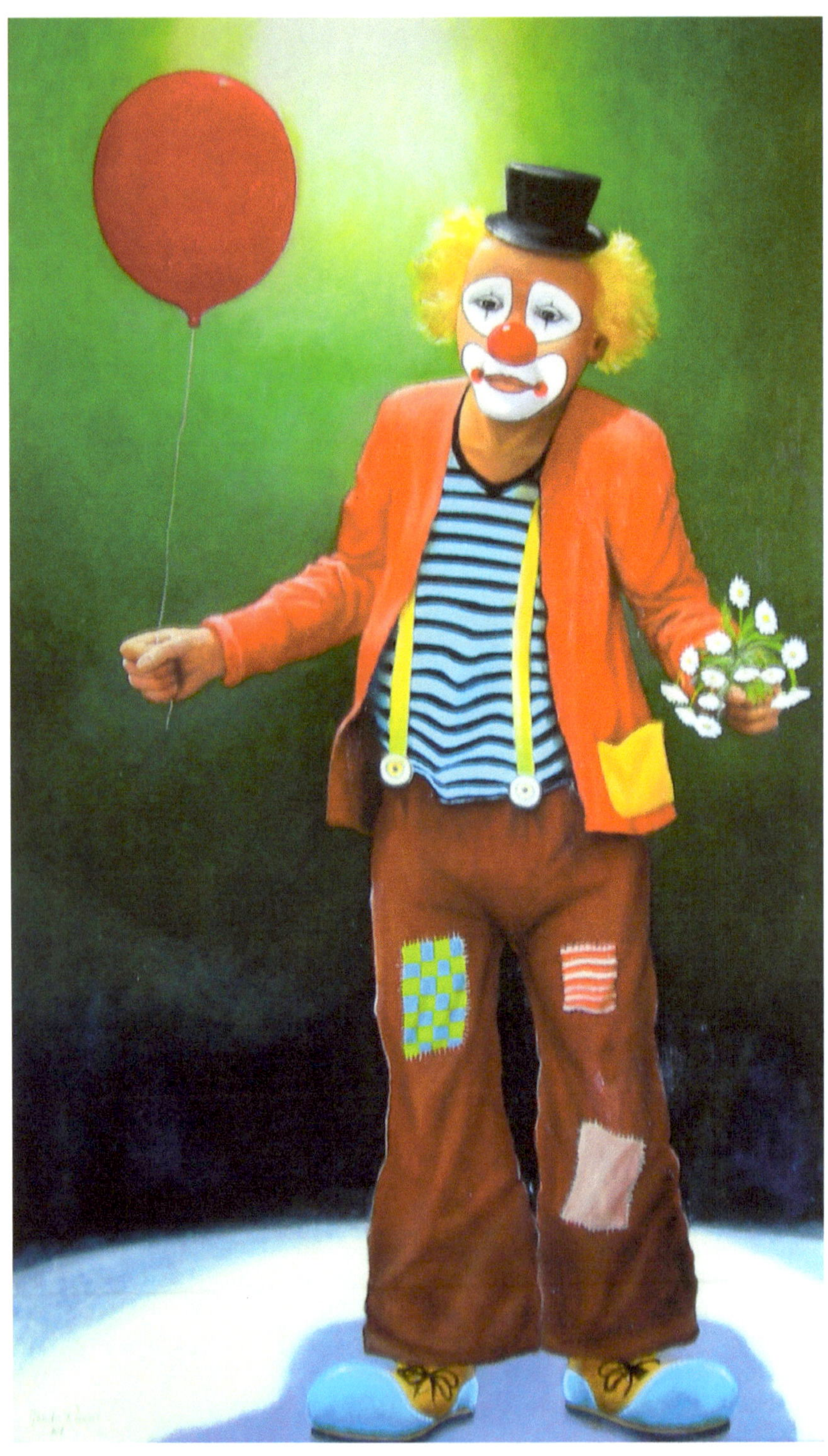

Un piccolo clown, olio su tela, cm 60x100

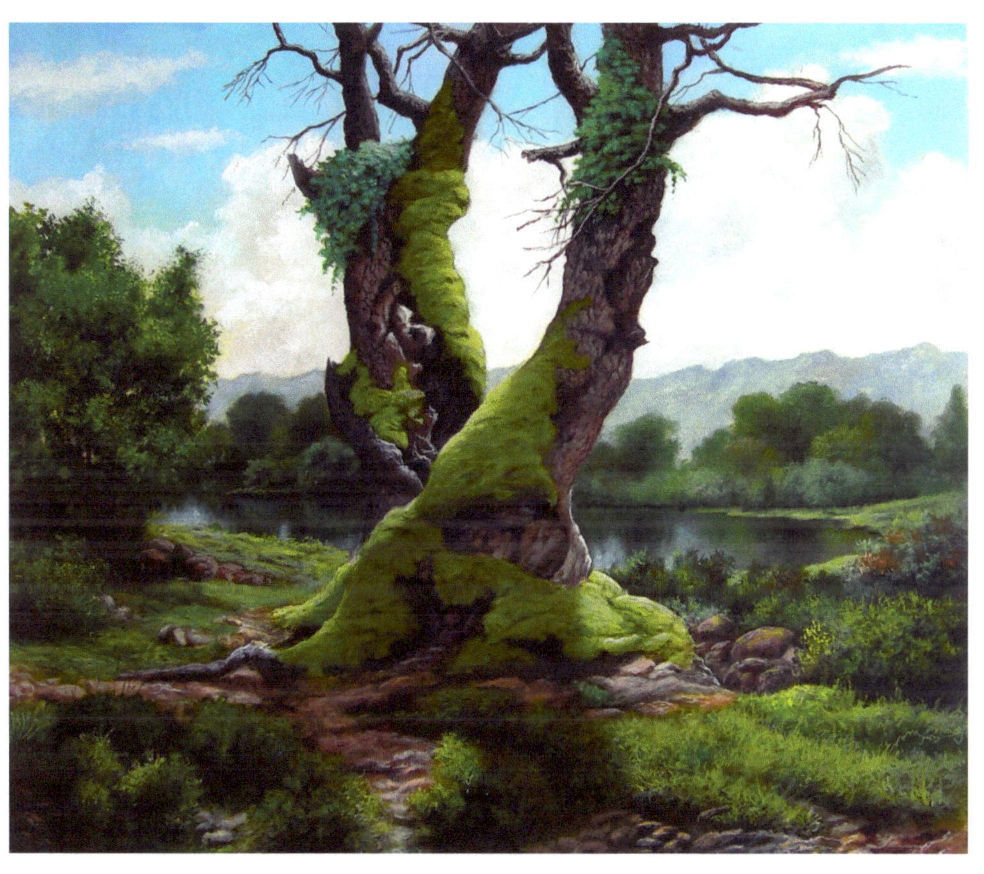

Un vecchio e maestoso faggio, olio su legno, cm 44x38

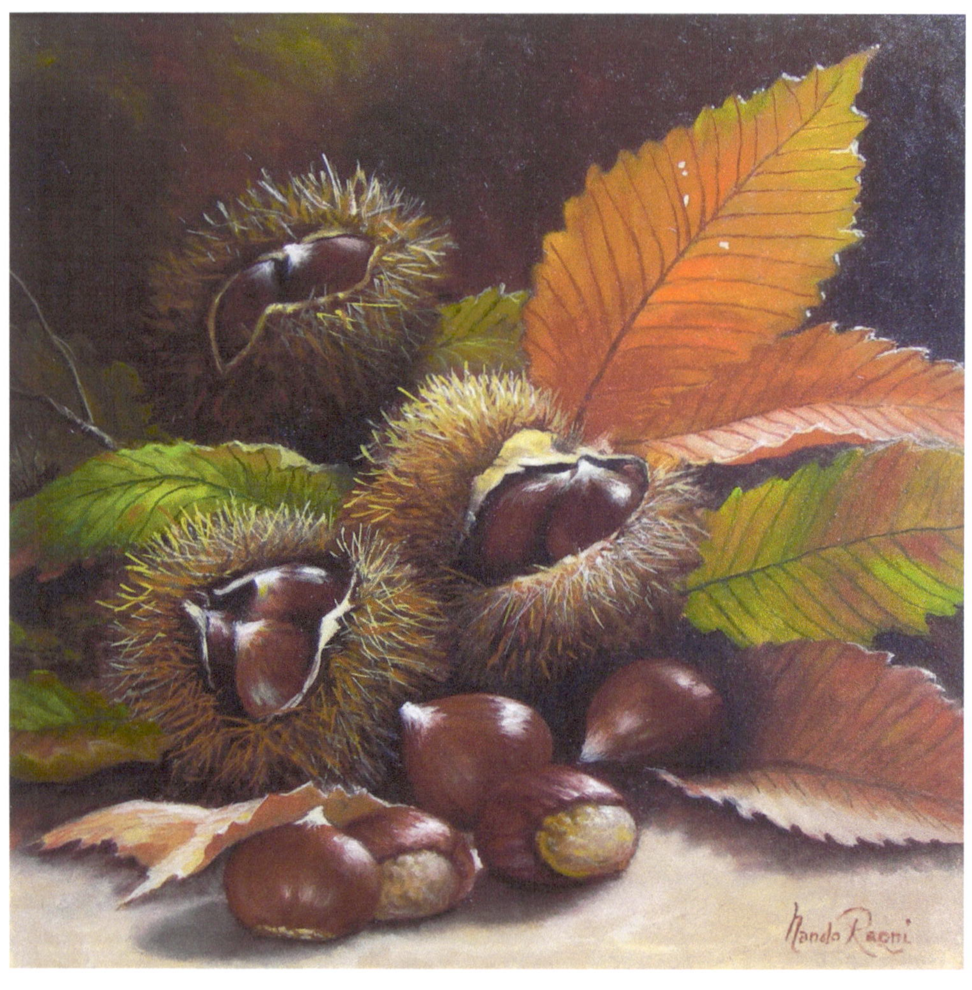

Le castagne un cuore dolce in un riccio spinoso, olio su legno, cm 30x30

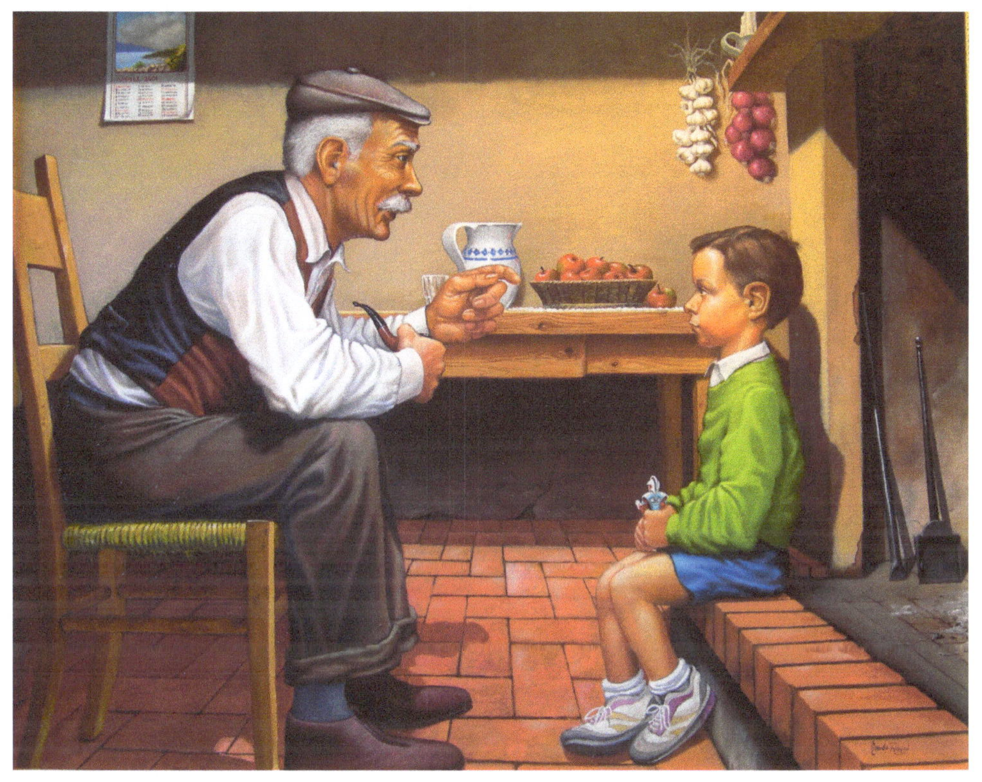

Il nonno racconta, olio su tela, cm 100x80

Sull'opera "Il nonno racconta": Si crea un dialogo di intimo confronto tra i due protagonisti del dipinto e l'artista ne ferma la scena con una capacità di osservazione pungente, che svela i dettagli, trasmettendo emozione e condivisione. La pittura ricalca la tradizione artistica del realismo, si sofferma sui particolari, ne esalta le singole strutture realizzando in pratica quadri nei quadri, natura morta, ritratto, scena d'interno.

Elisa Bergamino

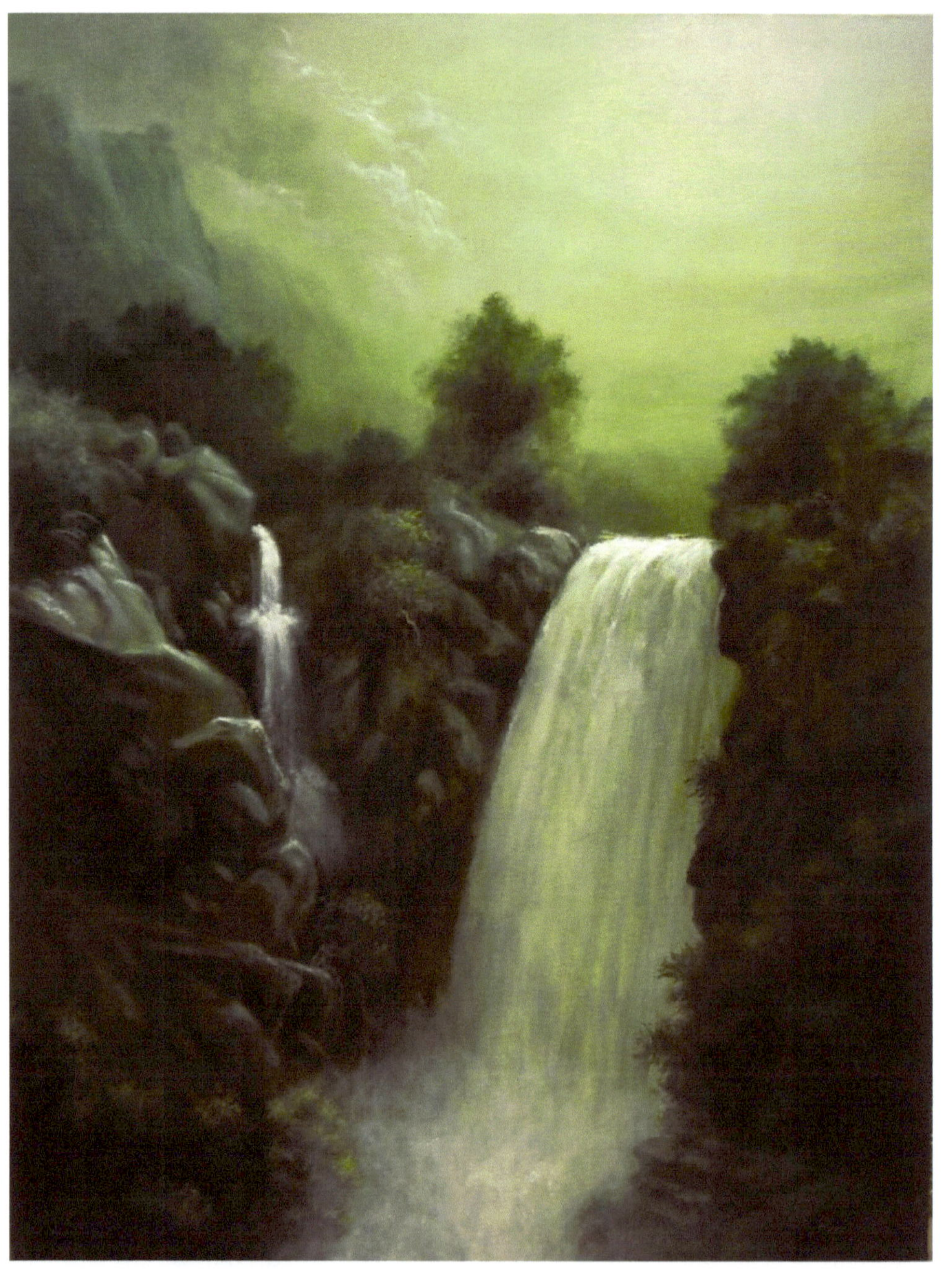

La cascata, olio su tela, cm 70x50

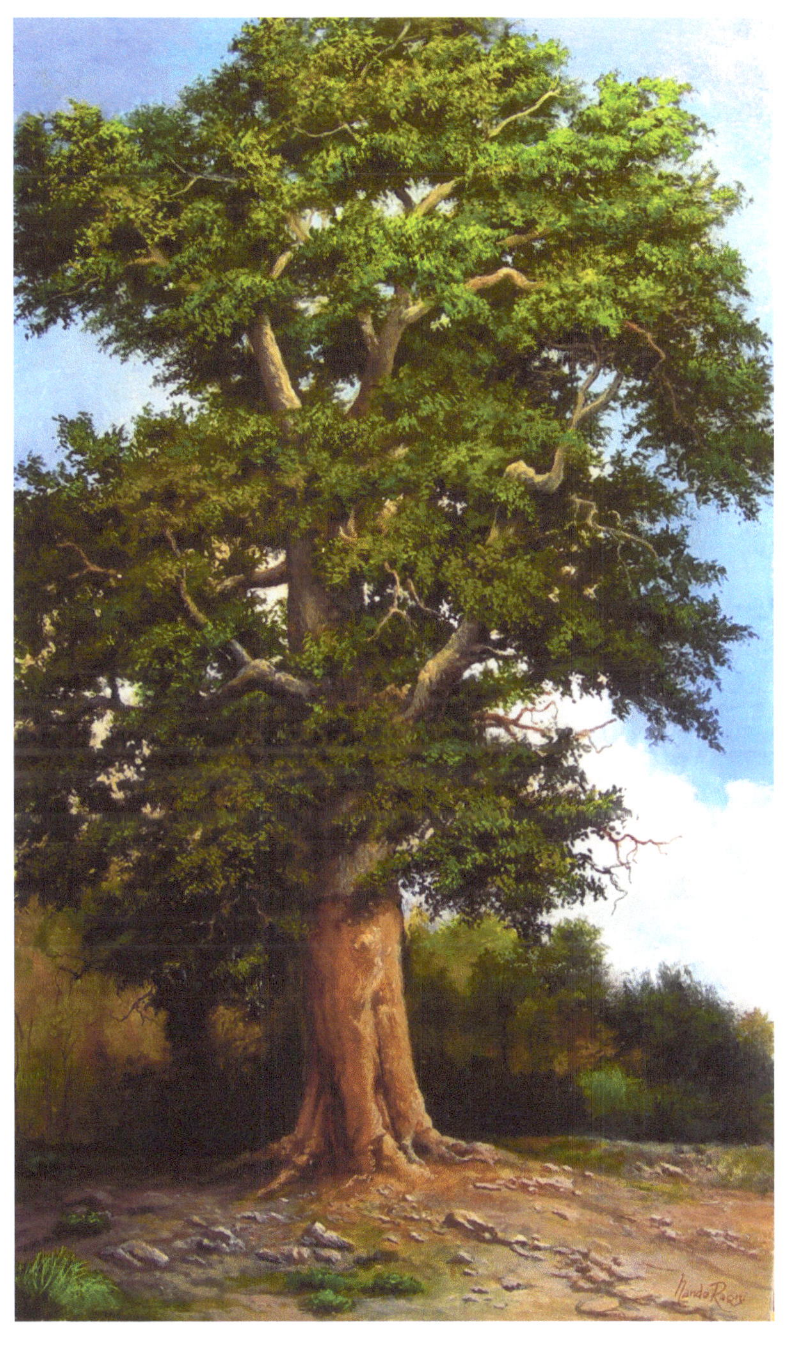

L'albero del sughero, olio su legno, cm 27x46

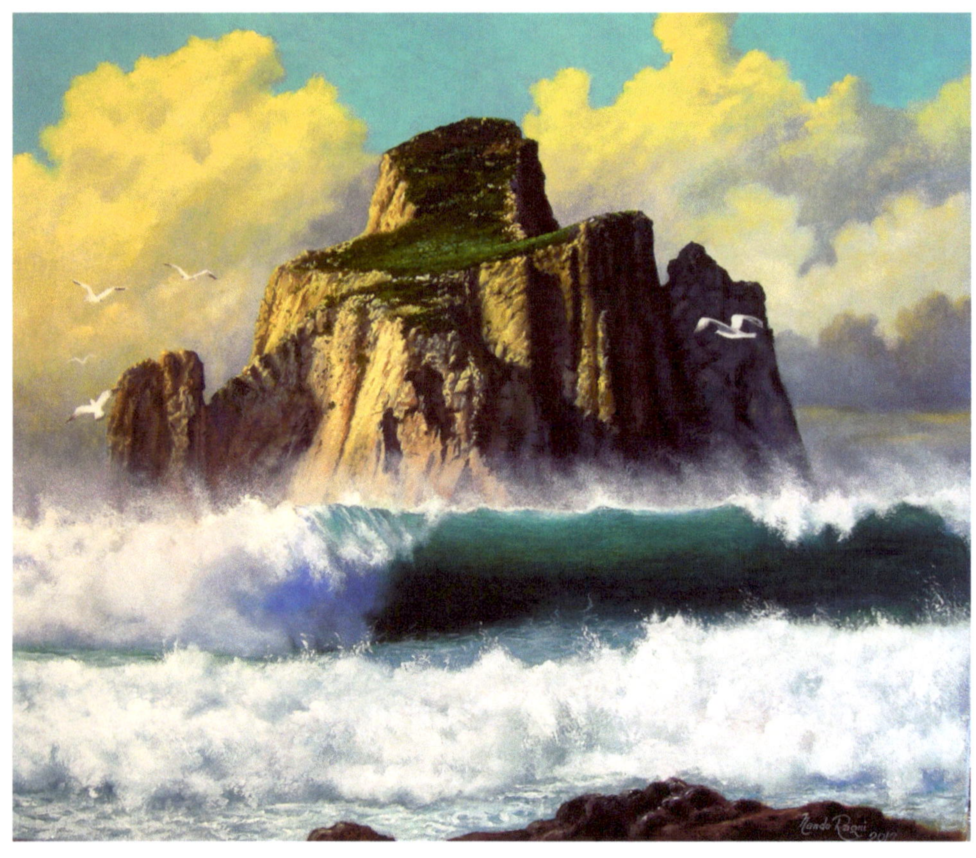

Il mare a Pan di Zucchero, olio su tela, cm 64x54

Stregato dalla natura ed in simbiosi con la realtà magica e poetica che da essa discende, il maestro supera la raffigurazione del vero per esaltare il lirismo emozionale e le passioni che salgono dal profondo dell'animo. Riconosce i valori più intimi dell'autentica realtà della vita, intesa come il luogo dell'immersione e dell'esperienza di ogni in-

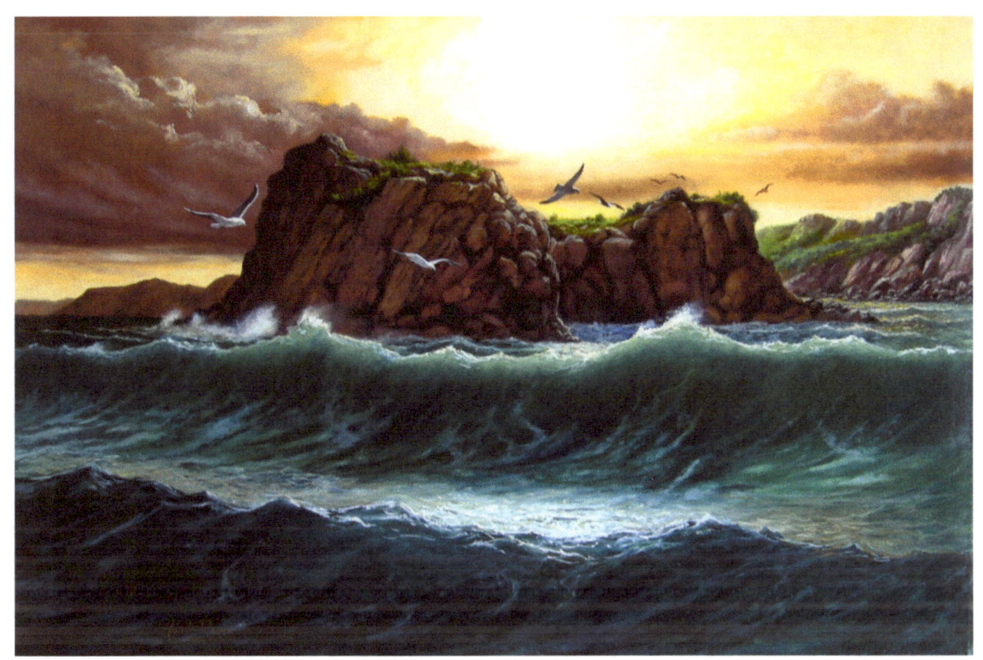

L'isola che non c'è, olio su tela, cm 75x50

dividuo. Nell'opera fissa intensamente l'armonia concreta del movimento e dell'impianto cromatico da una parte e quella interiore e vitale dall'altra. Il componimento si traduce in una dimensione naturale del mare, del cielo e dell'infinito pervaso da una luce cosmica, come un fenomeno che per la sua grandezza ignota e per il senso della solitudine e per il suo scatenarsi, determina un sentimento di minaccia che fa unire nell'animo la paura ed il piacere. È la forza misteriosa e suprema che si manifesta in questi eventi a suscitare l'idea del sublime.

Cap. Michele Miulli Esperto D'Arte

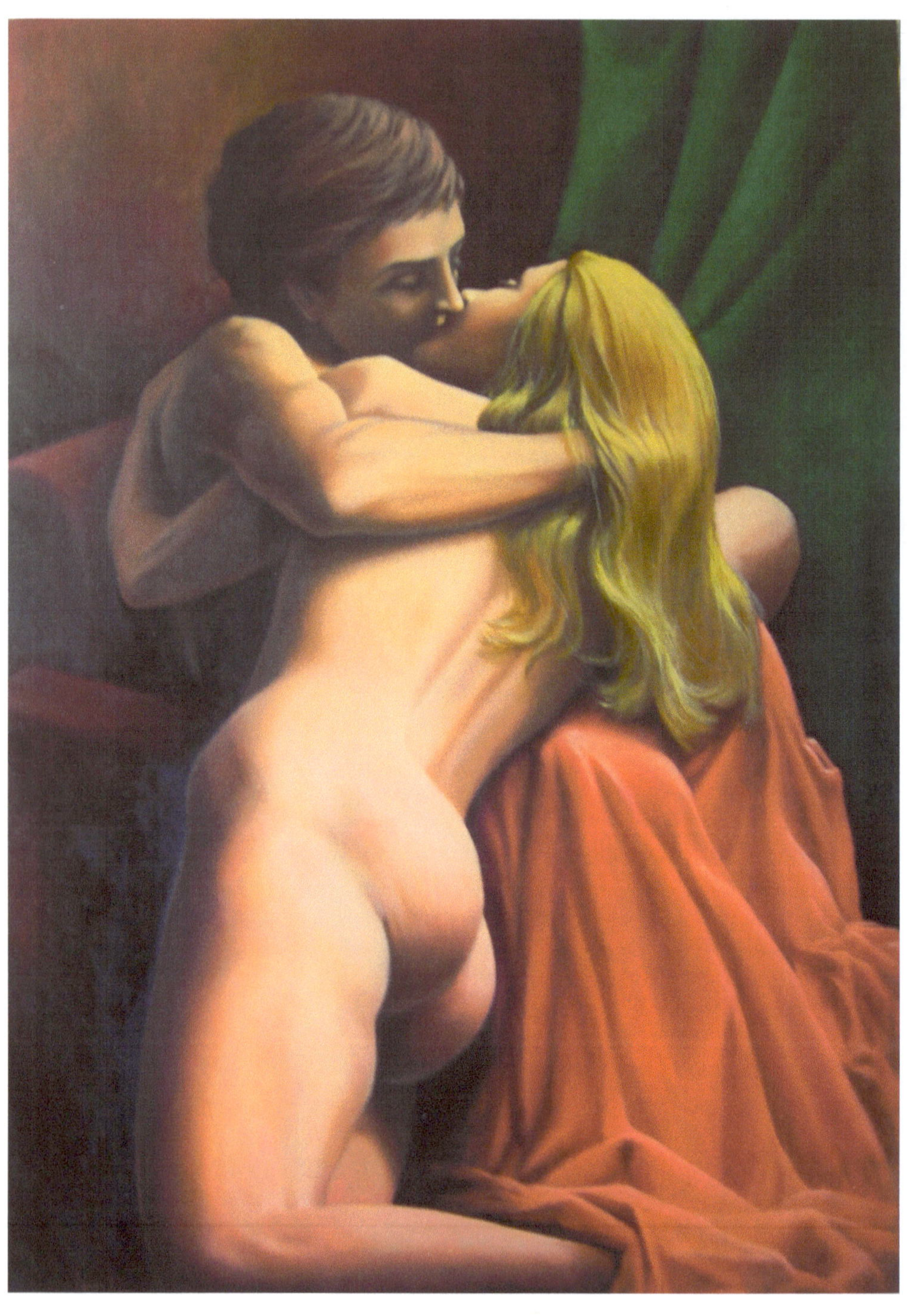

Il bacio, olio su tela, cm 100x70

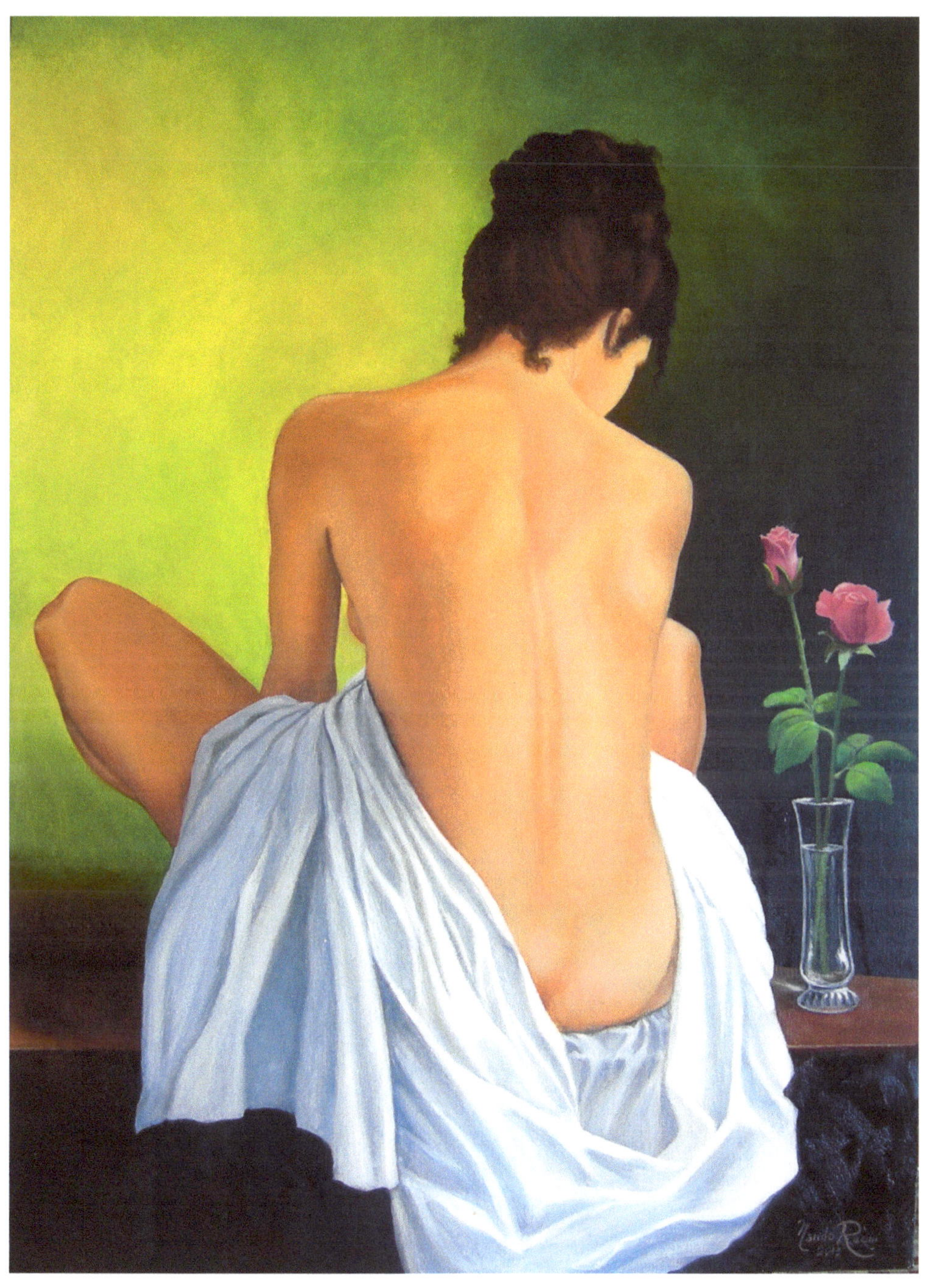

Quant'è bella giovinezza che si fugge tuttavia, olio su tela, cm 50x70

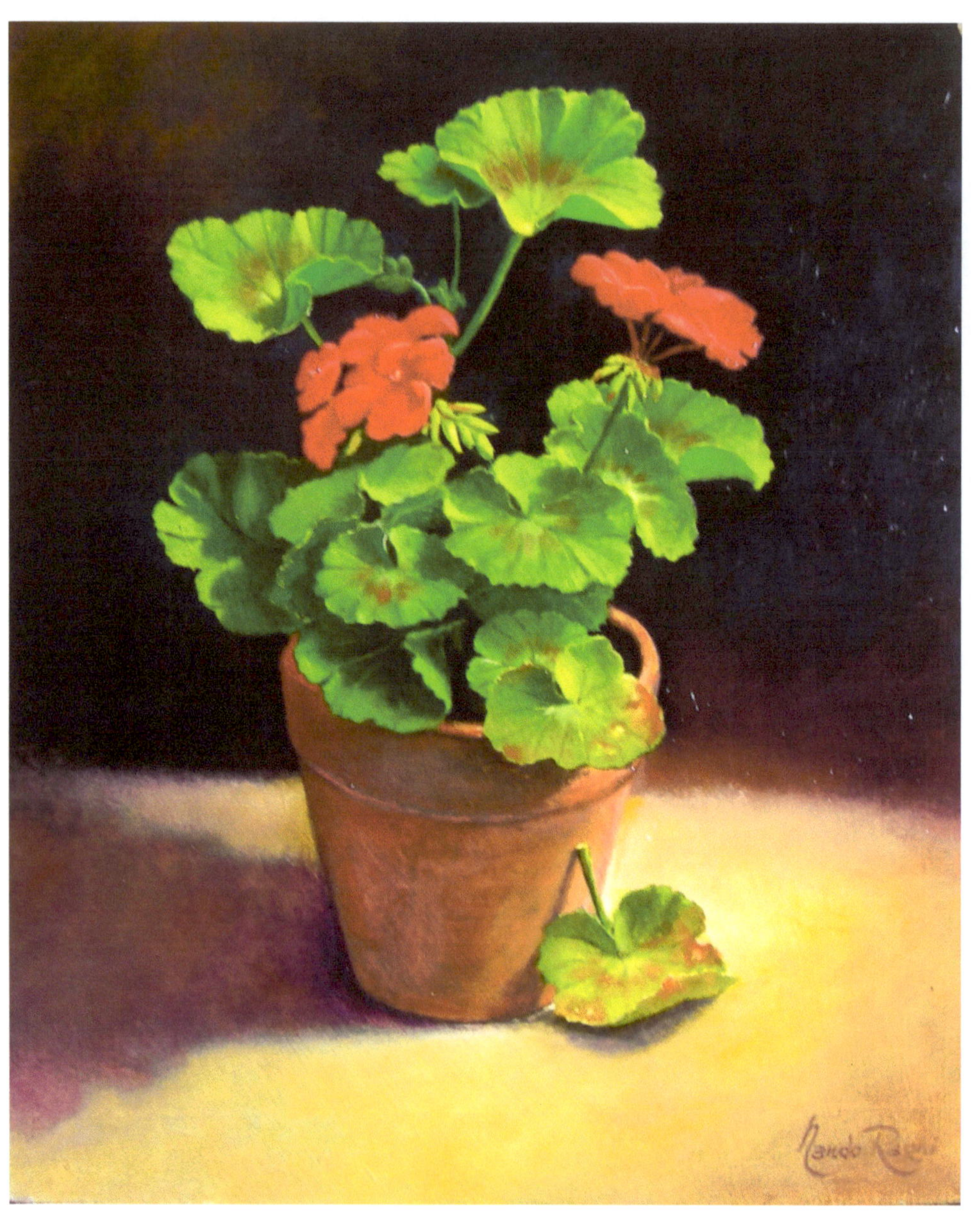

Un vasetta di gerani, olio su legno, cm 27x33

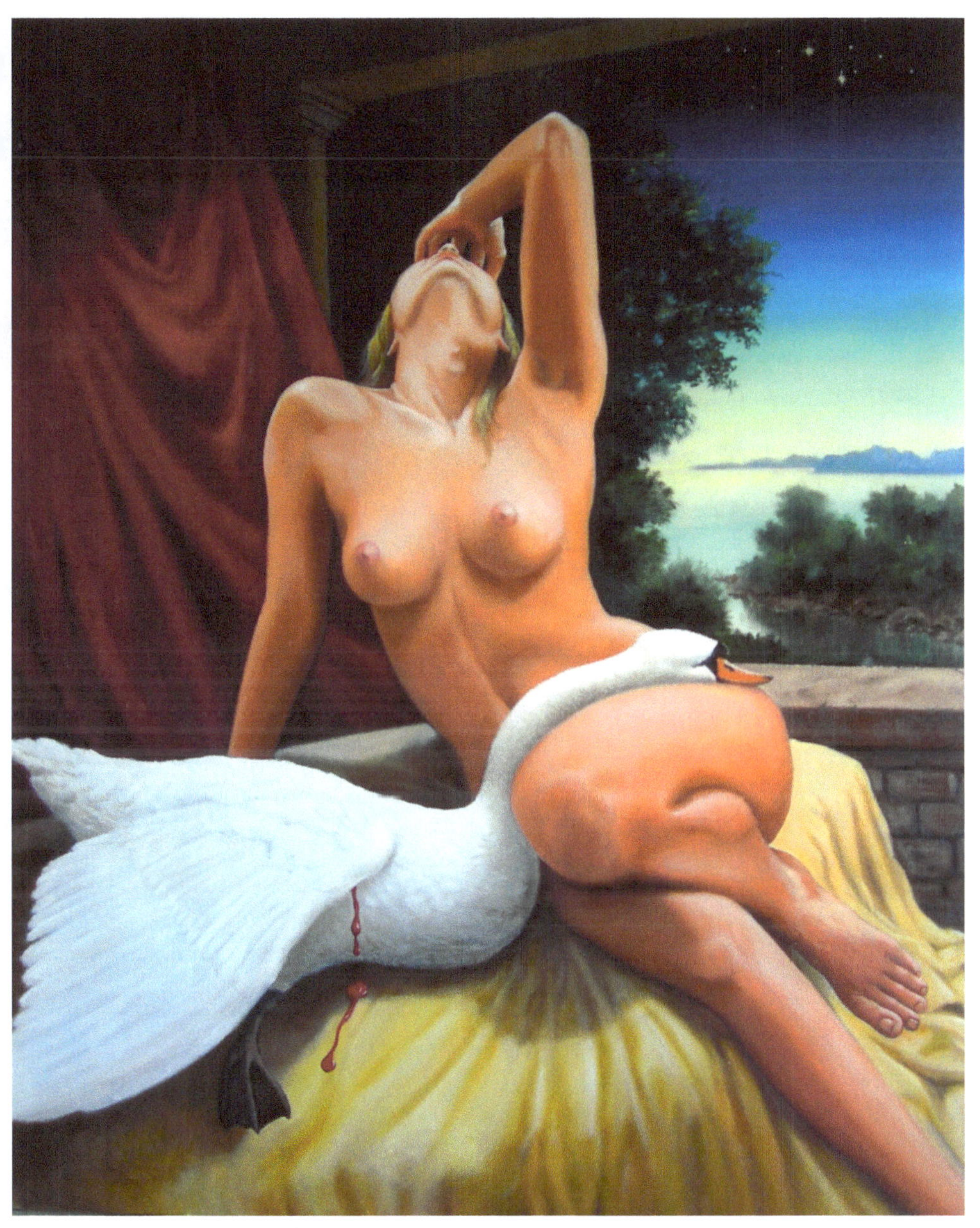

La vendetta di Tindaro, olio su tela, cm 100x80

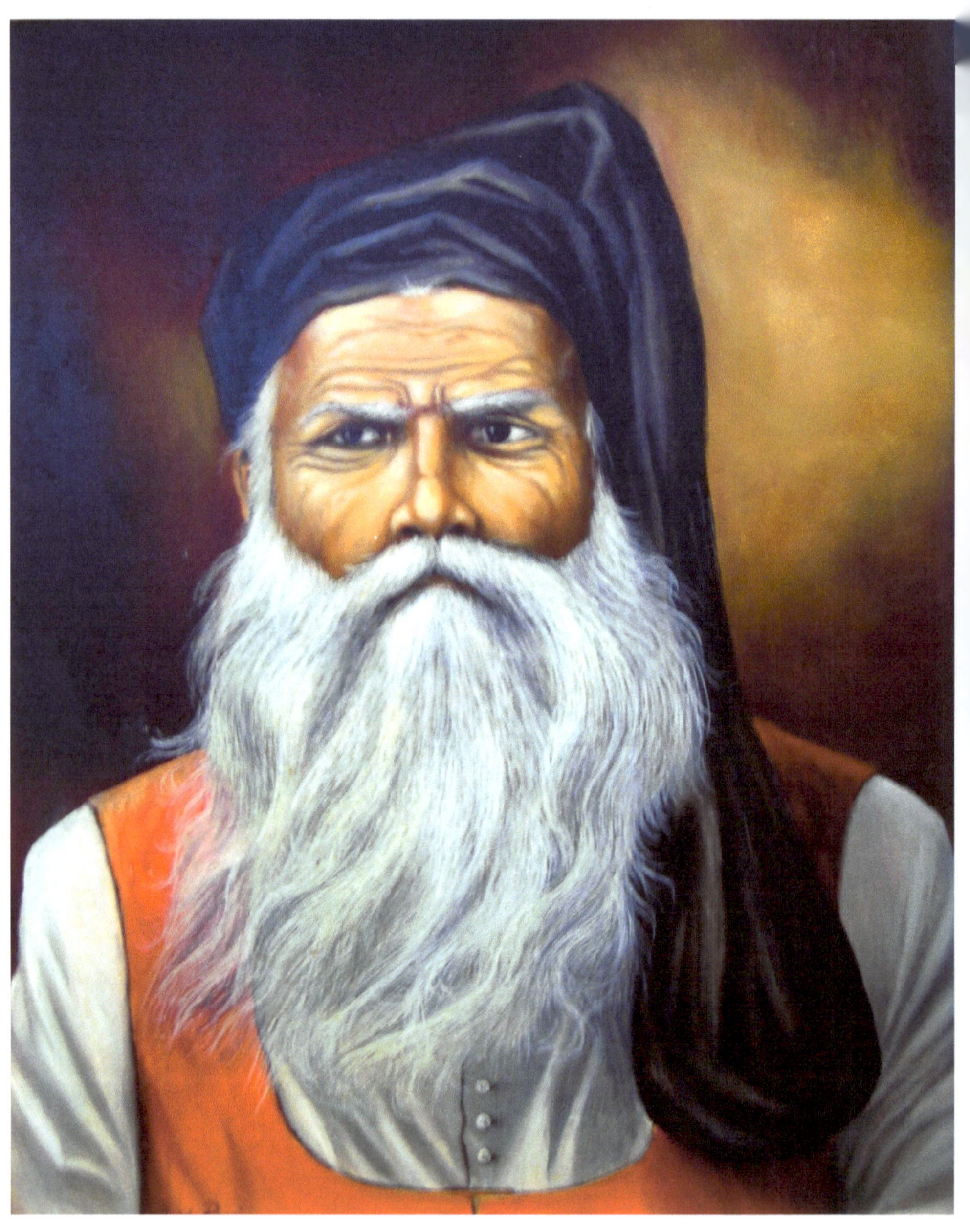

Un vecchio sardo, olio su tela, cm 40x50

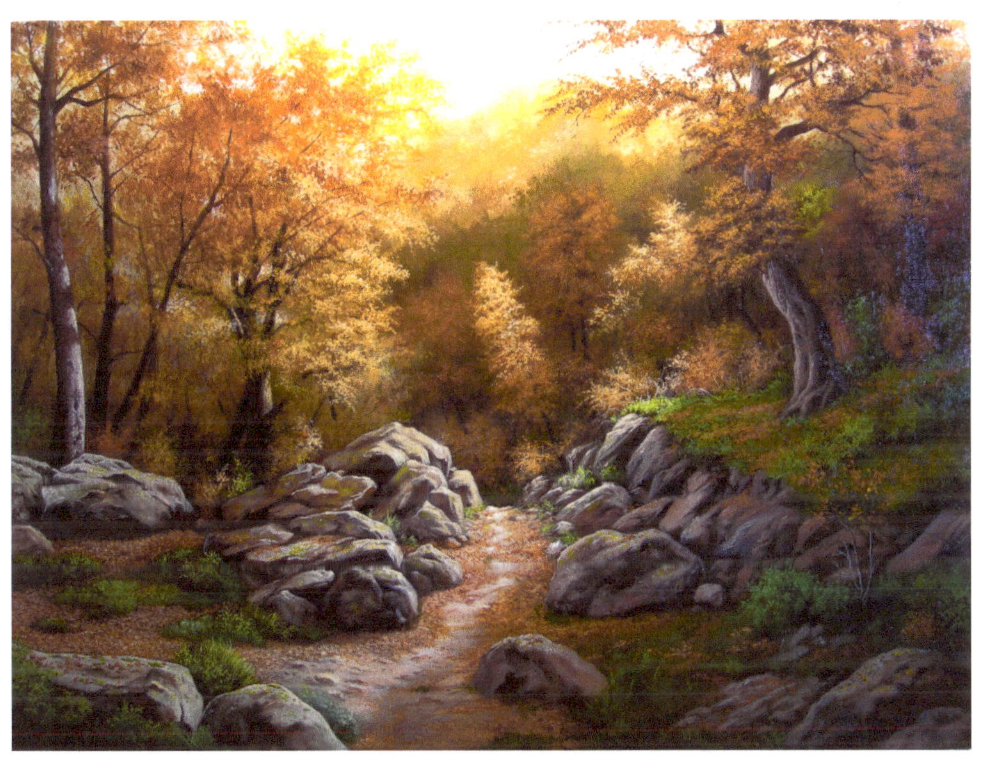

Il bosco in autunno, olio su tela, cm 80x60

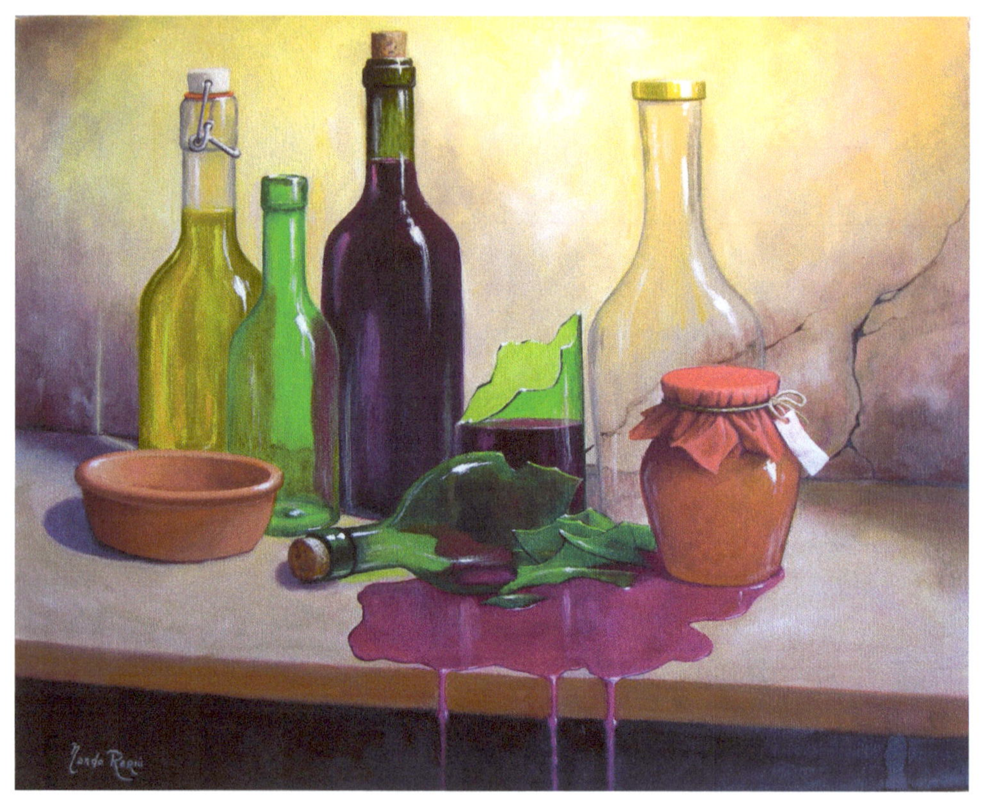

La bottiglia rotta, olio su tela, cm 50x40

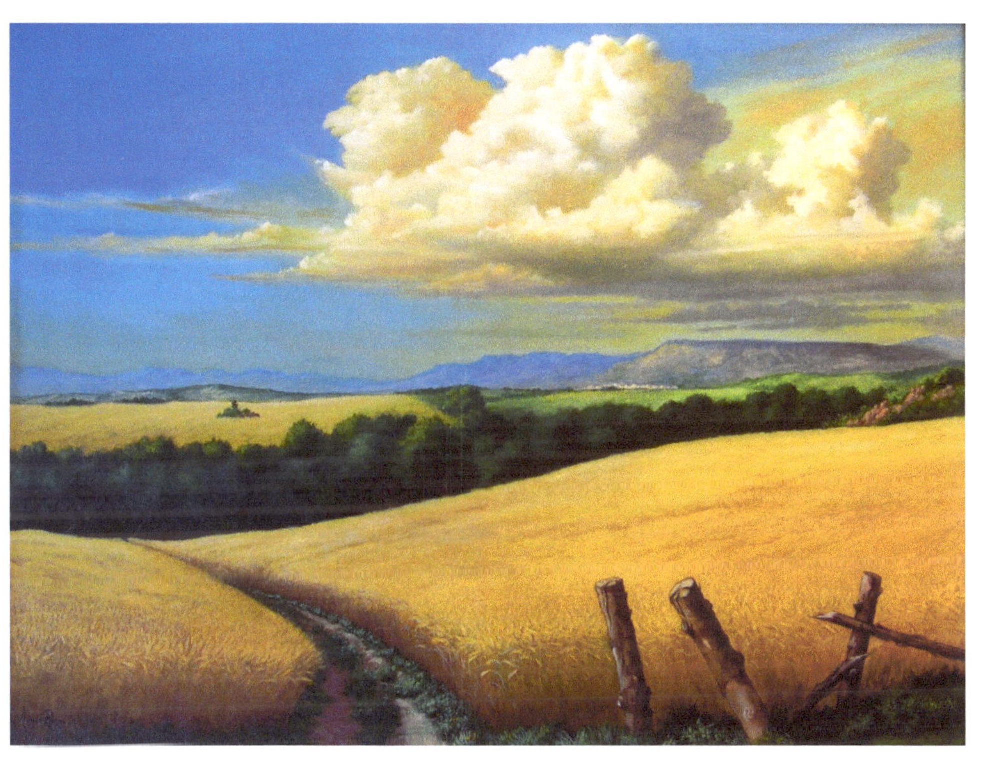

Campo di grano nel Campidano, olio su tela, cm 80x60

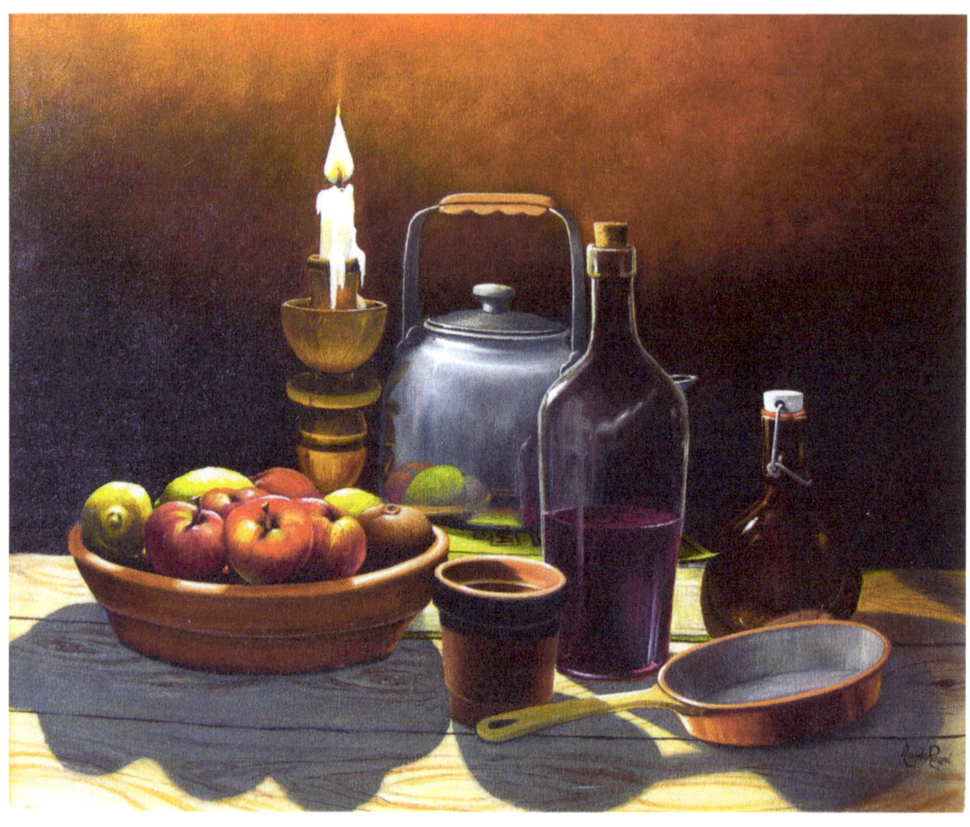

Natura morta mele e melograni, olio su supporto telato, cm 36x30

Il linguaggio pittorico dell'artista Ferdinando Ragni ci coinvolge in suggestive interpretazioni pittoriche per la loro intensità emotiva che riaffiora in opere intessute di quel voler penetrare nelle cose visibili con l'intento di mostrare l'invisibile che in altro termine si chiama emozione. Nei suoi dipinti è chiara la cultura di un artista che si riversa in quella sapienza non solo di composizione da ricavarne certi effetti di luce, ma a contemplare la natura e a carpirne direttamente la peculiare poesia. Capacità di una dialettica che e riflessione sulla essenza della natura e di tutto ciò che essa abbrac-

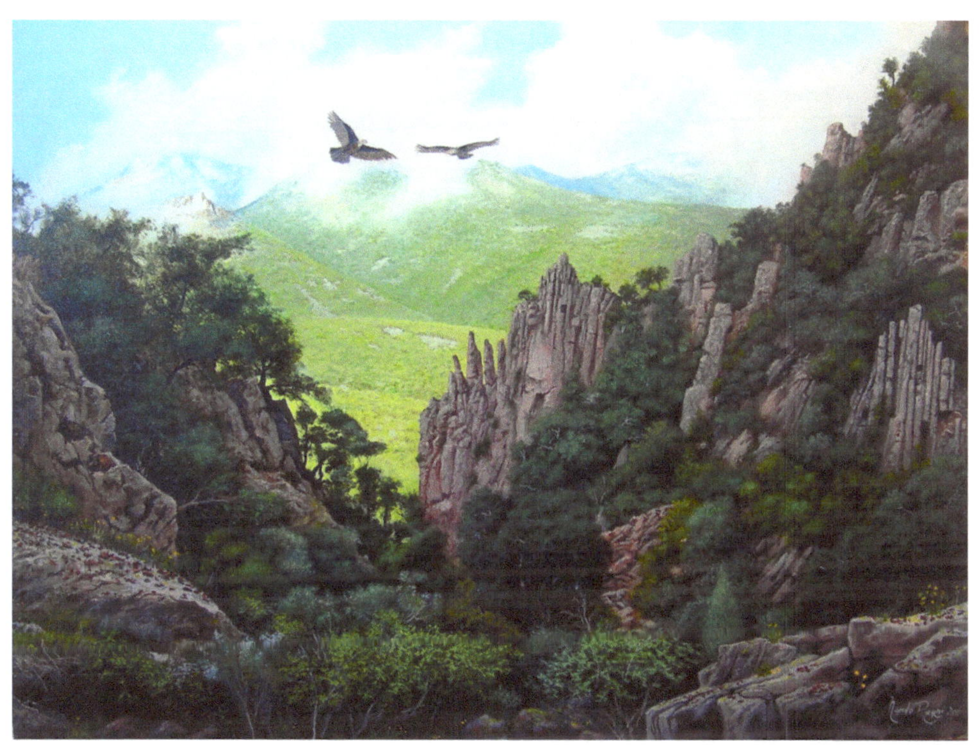

Aspra Sardegna terra senza tempo, olio su tela, cm 80x60

cia, portandolo all'appagamento dei suoi quesiti sui mistero del Creato. Le sue opere non sono dettate dall'occasione di assecondare un programma estetico alla moda ma dalla complessità delle sue sensazioni.
Nelle sue nature morte l'artista si impegna molto nella ricerca degli effetti di luce, quanto dell'equilibrio dei valori plastici della composizione, ottenuto attraverso la trasfigurazione cromatica, per cui le pennellate costruiscono una successione di toni dando origine all'effetto luminoso. È in questo saper far arte che alla immagine viene restituita quella essenziale potenzialità suggestiva di durare aldilà dell'attimo fuggente dell'impressione.

Anna Francesca Biondolillo

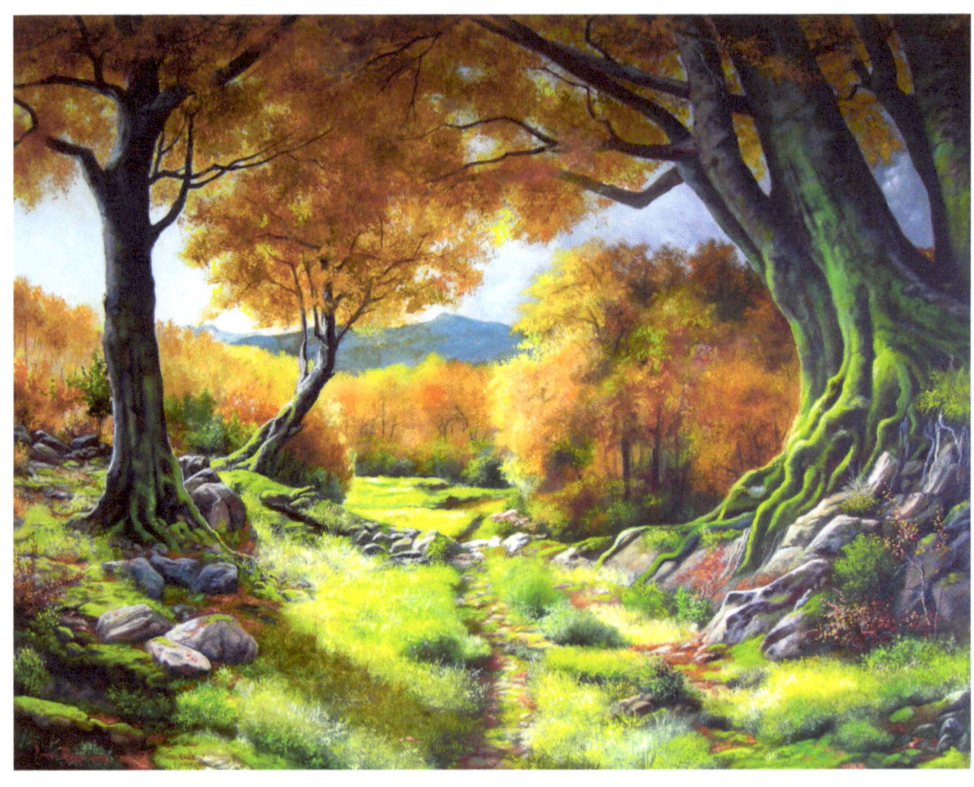

Un pomeriggio d'autunno in campagna, olio su tela, cm 100x80

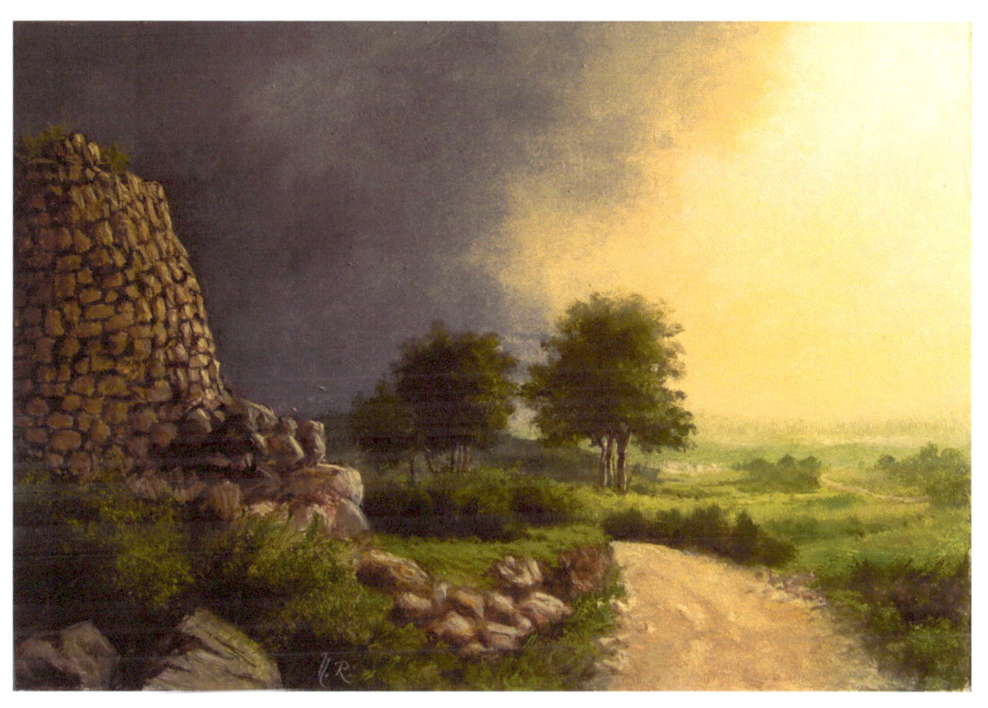

Il nuraghe, olio su legno, cm 25x30

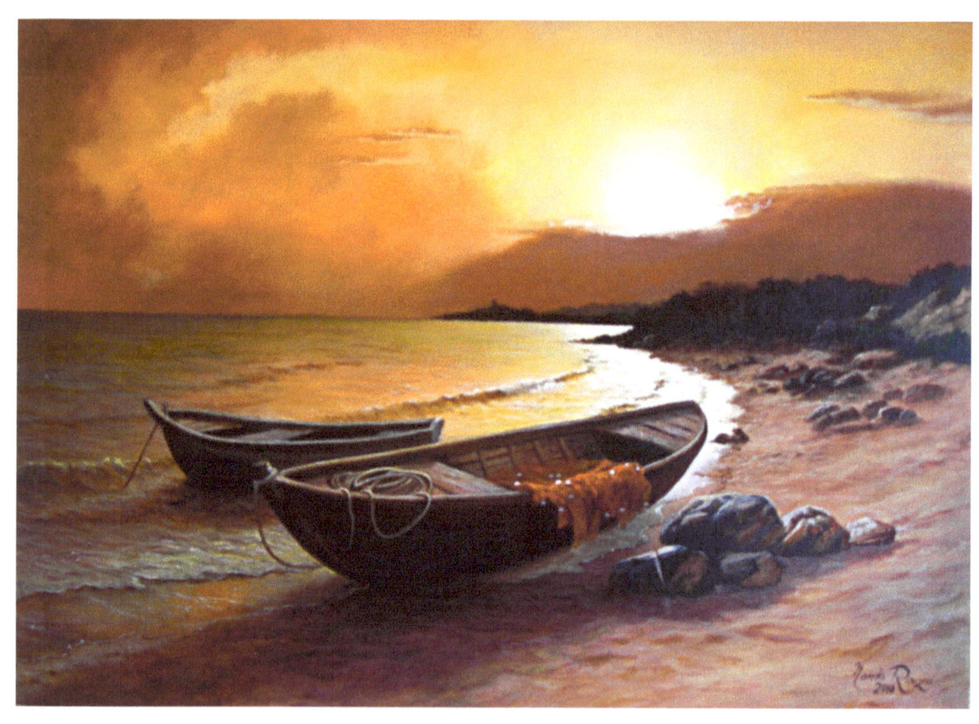

L' eterno fascino del tramonto, olio su tela, cm 70x50

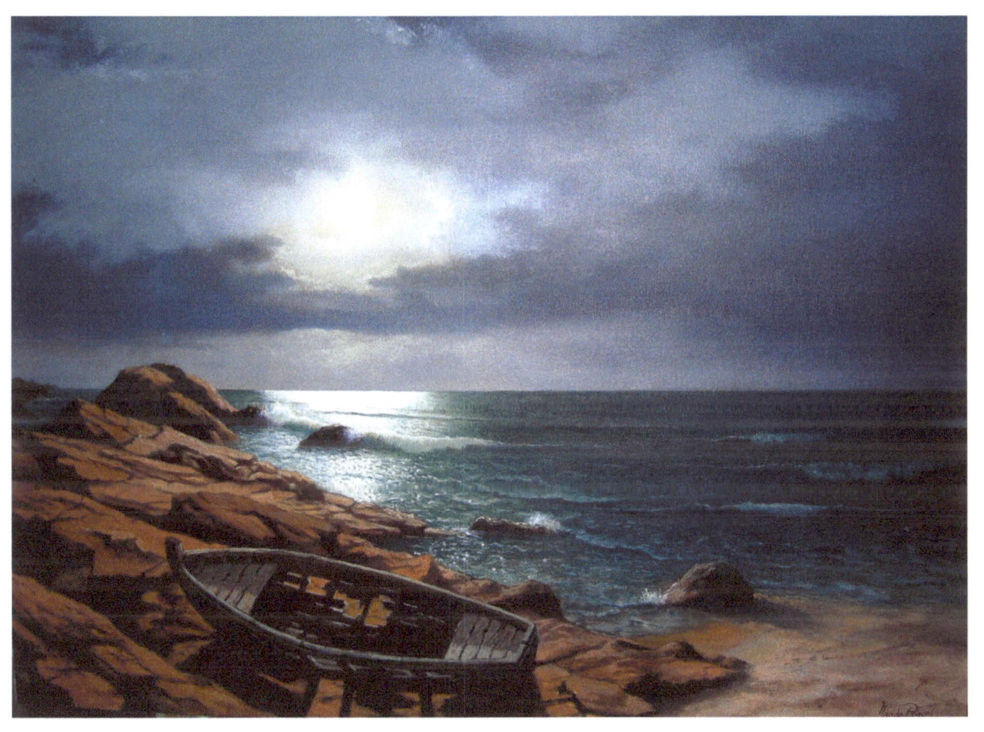

Sul mare al chiar di luna, olio su tela, cm 60x50

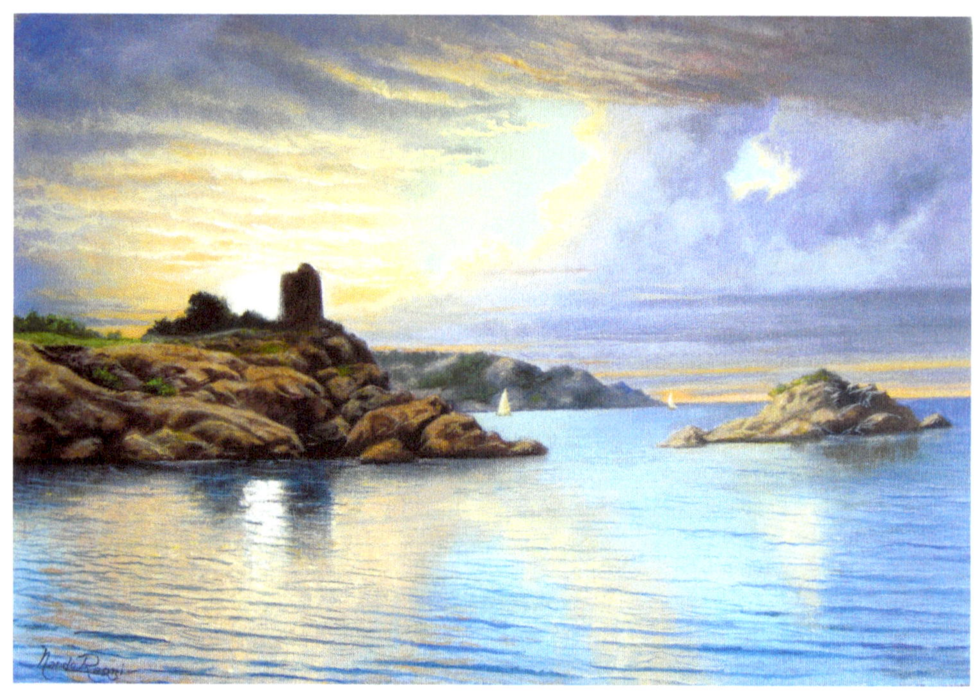

La torre spagnola, olio su tela, cm 50x35

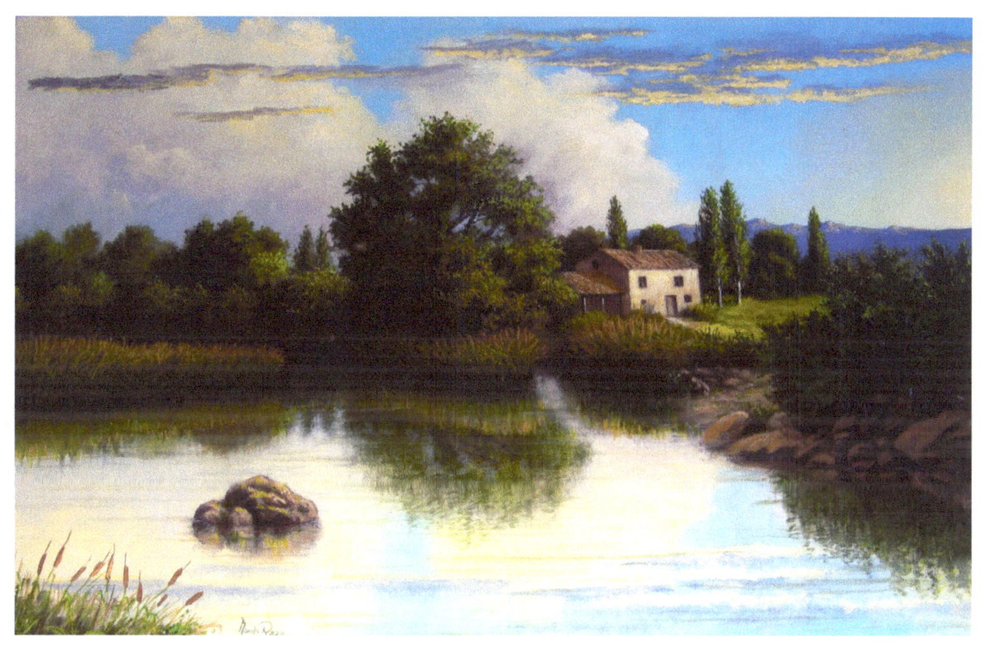

Lo stagno, olio su tela, cm 60x40

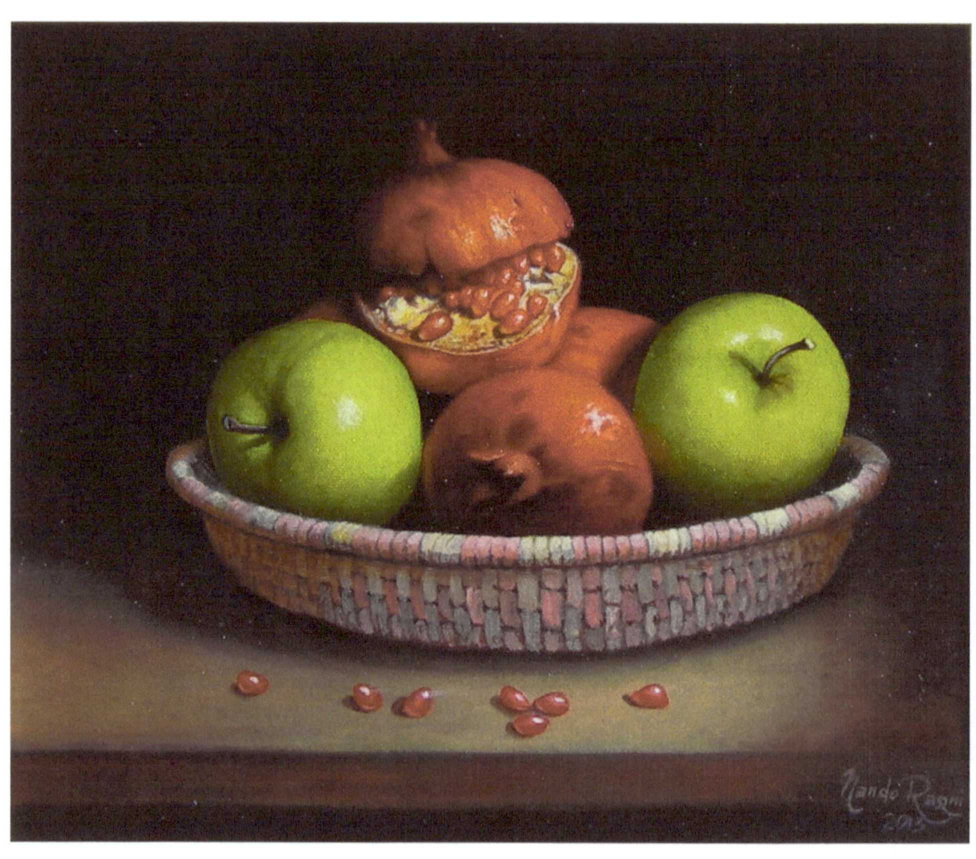

Natura morta mele e melograni, olio su supporto telato, cm 36x30

Palermo Avanguardie Artistiche Intenaz.; Sanremo-Centro d'arte e Cultura Arte in cartolina; AD-ART 3° concorso on-line; Brindisi XI Edizione Premio Internazionale d'arte "David di Michelangelo"; Bologna "Expo Officine artistiche" Concorso nazion. pittura; AD-ART 2° Concorso di pittura on-line; Venezia 5° Premio Intenaz. "Arte Laguna"; "Espressione libera" Concorso on-line; AD-ART 1°Concorso on-line; Brindisi Albo Intern.Pittori e Scultori 2010; Museo di Monreale (PA) Raccolta d'Arte contemporanea Italiana; Fighille di Citerna (PG) Premio Nazionale di pittura; Vasteras (Svezia) Mostra Nazionale Svedese di arte figurativa; Levico Terme XXVIII Concorso nazionale di Pittura Fotografia Prosa e Poesia; Trofeo online "Lastrigonia"; Lecce 1° Biennale Internazionale; Palermo Trofeo "Arte Museum" Il Louvre; Roma Galleria Rosso Cinabro "Artmosphere";

2011

Torino Concorso Arte Auguri; Brindisi XII edizione Premio V.Van Gogh e Diritti Umani; Terni FIAFT Il cavalletto digitale/Albo d'oro; Roma Rosso cinabro concorso "Caratteri Diversi"; AD.ART 9° concorso on-line; Roma Triennale di Roma; Firenze Accademia Gentilizia "Il Marzocco"; Alessandria-Arte figurativa XXI secolo; Recanati Mostra personale al Castello Malleus; 1° premio Artisti con il cuore; Concorso Artistico Letterario "Vibrazioni dell'Anima"; Palermo "Effetto Arte"; Cagliari-Collettiva di pittura gall. "Il colore"; Poggio dei Pini Collettiva di pittura scultura foto ceramica; VISBO Reg.Vestmaland Svezia Collettiva nazionale; Koping (Svezia) Collettiva di pittura; Vesteras (Svezia) Mostra collettiva internazionale; Terni Premio Thyrus Artistica per l'arte contemporanea; AD-ART 7° Concorso on line; Palermo-Proposte d'Arte artisti sui quali investire; AD-ART 6° Concorso on line; Bari Calenda 2011; Torino Mostra internazionale "Italia Arte" 2011; Concorso Web Artisti con il cuore; Terni Premio artistica; AD-ART 5° concorso on line; Capoterra "L'essenza delle donne collettiva di pittura"; Palermo Premio internazionale città di Tokio; Torino Immagine Arte Galleria on line; Ferrara Dizionario enciclopedico Internazionale; Virtuale Movimento Arte XXI secolo; Torino Arte metropolitana; Cagliari-Collettiva - galleria "Il colore".

2012

Premio Combat Prize Mostra finale; 19° Concorso AD-ART 1° e 2° premio; Accademia dei Dioscuri Maestri Italiani del colore; 1° Trofeo Boemia Luci e Colori del mare; Savona Festa di Natale e di fina Anno; Padova Arte fiera Arte Expo; Lecce - Triennale d'Arte on line; AD-ART Premio "Apice"; AD-ART 13° concorso - 2° premio Artisti; Roma "Natale di Roma"; Palermo II Edizione "Emozioni d'Arte"; Torino "Allegria di naufraghi"; Foglizzo (TO) Mostra collettiva, 1° premio critica; "Blu Art" La nuova collettiva on line; AD-ART 10° concorso on line; Premio on -line Il salotto degli Artisti;

2013

Palermo The best modern contemporary Artist; "Bluart" Amore, Vini,Arte e Passione; Accademia Nazionale dei Dioscuri "Arte in volo"; AD-ART Il nudo d'arte; Cagliari Autunno in città; Cossato (BI) 1° Concorso nazionale di pittura; 11° Premio Internazionale WWARP

WORLD WEB; **Wuppertal (Germania)** Arte Wuppertal; **Svezia** Premio "Art fight"; Premio Afrodite III edizione; Accademia dei Dioscuri "Premio Parga" 5° edizione; **Capoterra** (Casa Melis) Mostra d'arte contemporanea; **Poggio dei pini** EmozionART IV Edizione; **Terni** Manifestazione "Terni Art"; AD-Art 23° concorso nazionale; **Villacidro** Rassegna d'arte contemporanea; **Cagliari** Ciao Primavera; **Firenze** Il pittore dell'anno e Arte in Movimento; 21° concorso AD-ART 1° premio; Catalogo Internazionale D'arte I segnalati; "Pesaro Expo" Calenda galleria Vernissage;

2014

2014 **Palermo** Eccellenze Artistiche sguardo sulla pittura Italiana contemporanea; AD-ART 30° concorso; **Poggio dei Pini (CA)** "Il falso d'autore in mostra"; **Cagliari/Olbia** Mostra d'Arte Contemporaneamente; **Cagliari** Mostra d'Arte Contemporanea; **Poggio dei Pini (CA)** EmozionART 5° edizione; Swing Edizioni Monografia "Il paesaggio nell'Arte!; **Savona** Sinergie del Colore; **Cagliari** Marina Militare Il Caravaggio Nascosto Falso D'Autore; **Savona** VI° premio pittura paesaggista; **Atene** Accademia Intern. Dioscuri The Pantokrator IV Edizione; **Savona** 5° Concorso on line; **Londra** Concorso Art-Addiction; **Roma** Il Natale di Roma Galleria Tornatora; **Varazze** Art Mostra Nazionale; **Pittart** Concorso on line; AD-ART 27° Concorso; **Serradifalco (CL)** Biennale "Il Falco d'Oro";

2015

Cagliari mostra collettiva del miniquadro; Premio città di Narni; Grifio Art Gallery Premio Odissea; **Cagliari** Autunno in città collettiva d'arte; **Savona** " Le strade" concorso on line; Alba Art collettiva d'arte contemporanea; Accademia Nazionale dei Dioscuri Grecia Premio Internazionale Zakynthos; **Cagliari** Il falso d'Autore in mostra; **Capoterra (CA)** Poggio dei Pini EmozionArti VI edizione; **Savona** Fantasie dipinte; Gracia Internazional Prix The Pantokrator; **Roma** Premio Odissea Grafio Art Gallery; Accademia Nazionale dei Dioscuri Premio Parga; **Savona** Poesia degli interni; **Roma** Trofeo delle 20 Regioni; **Londra** La Maia Desnuda;

2016

MY ART Arte in copertina Palermo; Spoleto Art mostra on line; "Art Addiction" Biennale di Londra; **Villacidro** collettiva d'arte contemporanea; EmozionArti VII edizione collettiva d'Arte; Swing Edizioni "Il realismo nell'arte"; "Art Stattes" l'arte negli Stati Uniti Holliwood / Washington; **Palermo** "Art World"; Accademia dei Dioscuri "La vittoria alata dei Balcani"; Ad-Art 34° concorso nazionale; Swing Edizioni concorso il vedutismo; Città di Savona concorso nazionale; **Palermo** MY ART Arte in copertina;

2017

Cagliari "La maratona dell'arte Collettiva d'Arte Contemporanea"; **Palermo** "Premio Internazionale Novecento"; **Londra** ART ADDICTION "Nude de nude"; **Savona** Arte del XXI secolo XVI concorso; Biancoscuro Art Contest V° edizione;

Nato a Collamato (Fabriano) un paesino nell'entroterra marchigiano. Nando Ragni sinteti-
camente si racconta così:
"Nei miei lunghi viaggi in terra d'Africa, rimanevo estasiato di fronte ai meravigliosi tramonti
che solo in quei luoghi si possono ammirare. La Sardegna ha poi contribuito ulteriormente
a rafforzare in me questa visione magica e poetica del paesaggio. Sono autodidatta,ciò che
faccio nasce dal cuore e da una tecnica acquisita in tanti anni di continua ricerca e di esercizio.
La mia pittura è l'arte del vero, è il figurativo della realtà che ci circonda, è il luogo dove po-
tersi rifugiare per dialogare con le proprie emozioni più profonde e la propria anima".
Ci siamo avvicinati alla pittura di Nando Ragni, attratti dalle sue qualità di coerenza, di fi-
ducia e di modestia. Abbiamo scoperto così un patrimonio artistico straordinario che merita
di essere approfondito.
Come interprete della figura umana, Ragni, per indole ed educazione un fine ritrattista, che
sa cogliere ed interpretare ogni intimo atteggiamento. Nelle figure traspare l'armonia fisica,
come riflesso e completamento di quella interiore. Nelle tele le figure si animano mediante
l'intenso impasto cromatico che si trasforma in carne pulsante di fresco turgore. La luce abil-
mente dosata e distribuita, fascia e penetra le membra esaltandone l'armonia e il movimento.
L'interpretazione psicologica dei personaggi è evidenziata e resa dalla dimensione corporea.
Nel paesaggio o nelle nature morte di Nando Ragni tra gli altri pregi, un dato ci appare chiaro:
i suoi quadri sono una calibrata sintesi dell'amore verso la natura, una ricerca delle essenze
universali e delle cose materiali. Ci pare che l'anima stessa del pittore vaghi tra il perenne
mutare e l'incalzare del tempo per fondersi con luci e colori fino a divenire un senso istintivo,
una difesa contro l'ignoto che ci minaccia.

Paolo Pais

Le opere di Nando Ragni ci raccontano un vero viaggio spirituale intrapreso dall'artista, un
viaggio che si apre in due diverse eppur parallele direzioni: all'interno dei suoi quadri e al-
l'interno di se. Solo tenendo in considerazione questi aspetti e possibile entrare nelle scene
descritte osservando come la luce ed i colori escano dal quadro e avvolgano l'ignaro osservatore, che verrà così ricompensato con una serenità interiore profonda e rassicurante. Nando
Ragni è un artista autodidatta dotato di spiccata capacità tecnica ed intuitiva,che lo portano
a trasmettere la sua visione spirituale profonda e consapevole della vita. Un instancabile
viaggiatore del tempo, che non ha mai smesso di stupirci ed emozionarci di fronte ad ogn'una
delle sue opere.

Malleus - Maggiore sciptorium Europeo

...Il vecchio Santone e ancora il Masai, sono immagini vigorose e ben incise, dal disegno e
dal colore controllati con rigore, specialmente anche negli altri ritratti, dove sfondi dai ba-
gliori metallici, si stemperano in sfumature in chiave sericea. Nei paesaggi dai colori morbidi
e vigorosi, l'artista esprime la poesia della natura nella sua essenzialità quasi incontaminata...

Eugenio Postiglione - dal "Corriere della Somalia" (1966)

Ferdinando Ragni was born in Collamato, a little town at the foot of the Appennini mountains on August 10th 1943. He showed his passion and his artistic capabilities since he was a child because he was drawing landscapes and fantastic characters on the wall of his grandfather's house with coal pieces.

From primary school he attends to small local competitions and he win a first prize because he illustrated a tale of the novel "Heart". He attends the State industrial and technical institute in Fabriano and when he took his degree, he works first in Milan and then he relocates for work in Somalia in Mogadishu. The African atmospheres and the amazing sunsets awake in him the never dimmed old passion for drawing and painting. His meeting with the art of the painter Bruno Disopra encourages him to present his first solo at the "Mogadishu Italian Club". Always in Somalia he attends to various artistic shows and he wins prizes with the permanent at S.M.O in Mogadishu. When he returned in Italy he moves in Sardinia where he works as sales agent. The splendid coasts of Sardinia, the rugged inner landscapes, the rocks, the twisted by the winds trees, make him to love this so fine and different land. In a group exhibition in Cagliari, he knows Master Fantini who encourages him to continue the road of painting and to perfect his technique. Being a self-taught he is always looking for perfection, he is fond of replicating past masters with great success. He attends various national and international competitions with prizes and awards. His figurative painting expresses the poetry of nature and the art of reality around us. Looking at his works we come into contact with the deepest emotions, where the images involve the observer's mood in a sense of surrounding serenity.

Ferdinando Ragni nasce a Collamato, un paesino dell'entroterra marchigiano, alle falde dei monti Appennini, il 10 agosto 1943. Sin da bambino mostra la sua passione e le sue capacità artistiche, disegnando con pezzi di carbone sui muri della casa del nonno, paesaggi e personaggi fantastici.

Già nelle scuole elementari partecipa a piccoli concorsi locali e vince un primo premio per aver illustrato un racconto del Libro Cuore. Frequenta l'Istituto Tecnico Industriale di Fabriano e una volta diplomato, lavora prima a Milano poi si trasferisce, sempre per lavoro, in Somalia a Mogadiscio. Le atmosfere africane e gli straordinari tramonti, risvegliano in lui la vecchia passione, tra l'altro mai sopita per il disegno e la pittura. L'incontro con l'arte del pittore Bruno Disopra lo stimola a presentare la sua prima personale all'Italian Club di Mogadiscio. Sempre in Somalia partecipa a varie manifestazioni artistiche vincendo premi e con l'esposizione permanente delle sue opere alia S.M.O. di Mogadiscio. Rientrato in Italia si trasferisce in Sardegna dove lavora come agente di commercio. Le splendide coste, gli aspri paesaggi interni, le rocce, gli alberi contorti dal vento, gli fanno amare questa terra cosi bella e cosi diversa. In una mostra collettiva a Cagliari, conosce il maestro Fantini che lo stimola a continuare la strada intrapresa e a perfezionare la sua tecnica.Essendo autodidatta e sempre alia ricerca della perfezione si cimenta nella riproduzione dei maestri del passato con ottimo successo. Partecipa a vari concorsi, nazionali e internazionali con premi e riconoscimenti. La sua pittura figurativa esprime la poesia della natura e l'arte della realtà che ci circonda. Guardando le sue opere si entra in contatto con le emozioni più profonde, dove le immagini coinvolgono lo stato d'animo dell'osservatore in un senso di avvolgente serenità.

Legal notices - Note legali

"Ferdinando Ragni- Il mio diario d'artista" is an editorial product of Studio Byblos. Every reproduction even partial of the name, of the layout and of the ways of the publication if not authorized by Studio Byblos, will be punished by according the law. The typographic printing and the reprint of the publication is an exclusive of Studio Byblos, which allows the diffusion of a single page or of all the publication in image format. The publication in digital platforms must occur exclusively after authorization of Studio Byblos. The author right on the artworks are of Mr.Ferdinando Ragni. The addresses of Mr. Ferdinando Ragni and the images have been published according his consent. The comment by Dino Marasà cannot be reproduced, cannot be translated or be modified, without his approval. For any dispute the Court of Palermo will be exclusively competent.

"Ferdinando Ragni- Il mio diario d'artista" è un prodotto editoriale di Studio Byblos. Qualsiasi riproduzione anche parziale del nome, del progetto grafico, delle modalità di pubblicazione non autorizzata da Studio Byblos sarà perseguita secondo i termini di legge. La stampa della pubblicazione e delle ristampe è esclusiva di Studio Byblos, il quale consente la diffusione di singole pagine o del libro intero in formato immagine. La pubblicazione su piattaforme digitali deve avvenire esclusivamente con il consenso si Studio Byblos. I diritti sulle opere d'arte sono di proprietà esclusiva del Signor Ferdinando Ragni che ha dato il suo consenso per la pubblicazione delle stesse e dei loro recapiti. La presentazione di Dino Marasà non può essere riprodotta, modificata, tradotta senza consenso dello stesso. Per qualsiasi controversia si elegge competente il Foro di Palermo.

www.ingramcontent.com/pod-product-compliance
Lightning Source LLC
LaVergne TN
LVHW051458180726
843512LV00001B/89